Gudrun Thiele

Wir basteln mit Naturmaterialien

Tolle Ideen – kinderleicht

frechverlag

Von der bekannten Autorin Gudrun Thiele sind im frechverlag zahlreiche Bücher mit tollen Bastelideen erschienen. Hier eine Auswahl:

TOPP 2216

TOPP 2141

TOPP 2187

TOPP 2046

TOPP 2081

TOPP 2009

Die Anleitung für die Walnußtiere (Abbildung Seite 1) befindet sich auf Seite 30, die Anleitung für die Kastanienwichtel (Abbildung Seite 3) steht auf Seite 16.

Fotos: frechverlag GmbH + Co. Druck KG, 70499 Stuttgart; Fotostudio Ullrich & Co., Renningen

Auflage: 5. 4. 3. 2. 1. | Letzte Zahlen
Jahr: 2001 2000 1999 98 97 | maßgebend

frechverlag GmbH + Co. Druck KG, 70499 Stuttgart

ISBN 3-7724-2230-6 · Best.-Nr. 2230

Druck: frechverlag GmbH + Co. Druck KG, 70499 Stuttgart

Das Basteln mit Naturmaterialien gleicht ein wenig einem Abenteuer, das bereits mit dem Sammeln der verschiedenen Materialien beginnt. Man sollte sich zunächst gut überlegen, was man basteln möchte, und dann die Materialien suchen und vorbereiten. Das macht in einer Gruppe ebensoviel Spaß wie allein oder mit den Eltern.

Jeder, der mit offenen Augen durch die Natur geht, kann sich mit den in diesem Buch verarbeiteten Naturmaterialien versorgen. Viele Dinge liegen auf den Wegen oder am Strand. Man braucht sie nur aufzuheben, und schon kann der Bastelspaß beginnen. In jedem Fall sind solche Materialien eine preiswerte Alternative für alle Bastler, ob nun groß oder klein. Jedes Stück ist ein Unikat, sieht immer etwas anders aus und fordert so die Phantasie und Kreativität des Einzelnen heraus.

Mit diesem Buch möchte ich Kindern und Erwachsenen Anregungen für viele gemeinsame Bastelnachmittage geben und insbesondere Kindergärten und Schulen auf die vielfältigen Möglichkeiten des Bastelns mit Naturmaterialien hinweisen.

Ich wünsche allen fröhliche und erlebnisreiche Stunden!

Eure/Ihre

Gudrun Thiele

...Tips & Tricks für das Basteln mit Naturmaterialien

Die Arbeit mit Naturmaterialien ist denkbar einfach, wenn man einige wenige Dinge beachtet, zum Beispiel:

Vorbereitungen:

Basteleien mit Naturmaterialien machen sehr viel Spaß, erfordern aber auch ein paar Vorbereitungen. Schließlich müßt Ihr das Material zunächst einmal sammeln.

Überlegt Euch, wo Ihr das Material finden könntet, und denkt daran, daß nicht jedes Material zu jeder Jahreszeit verfügbar ist. Frische Kastanien gibt es beispielsweise nur im Herbst.

Die Pflanzen müßt Ihr vor dem Basteln trocknen oder pressen, das dauert einige Tage. Steine werden zunächst gründlich gewaschen, damit die Farbe später hält, und müssen dann gut trocknen. Erst danach könnt Ihr mit dem Basteln beginnen.

Pflanzen trocknen und pressen:

Blumen trocknen gut, wenn Ihr sie zusammengebunden und mit der Blüte nach unten in der Küche aufhängt.

Blüten und Blätter könnt Ihr zwischen den Seiten eines Buches pressen. Dazu legt Ihr sie zwischen zwei Löschblätter oder Küchentücher, da sonst die Buchseiten verschmutzen. Damit genügend Druck ausgeübt wird, müßt Ihr zum Beschweren auf dieses Buch noch einige weitere Bücher legen.

Korken zuschneiden:

Für einige Modelle müssen Korken mit dem Messer bzw. Cutter auf einer geeigneten Schneideunterlage zugeschnitten werden.

Achtung: Messer und Cutter sind sehr scharf! Das Schneiden ist nicht ungefährlich und sollte daher von einem Erwachsenen übernommen werden. Kinder sollten lediglich mit einer ungefährlichen Bastelschere arbeiten.

Löcher vorstechen:

Löcher werden mit einem Metallspieß (z.B. Schaschlikspieß) in Kastanien, Kastanienschalen oder Korken gebohrt. Das Vorstechen erfordert etwas Kraft.

Achtung: Hierbei besteht erhebliche Verletzungsgefahr! Daher sollte ein Erwachsener diese Tätigkeit übernehmen.

Klebstoff:

Für die meisten Dinge aus diesem Buch genügt ein normaler Bastel– oder Alleskleber. Für einige Modelle ist jedoch eine Heißklebepistole sinnvoll, weil der Heißleim schneller hart wird, das gilt beispielsweise für die Steinfiguren, die Bilder aus Naturmaterialien, die Zapfen– und die Korkenfiguren.

Achtung: Die Heißklebepistole sollte von einem Erwachsenen gehandhabt werden, da sie an der Spitze wirklich sehr heiß wird! Bittet einen Erwachsenen, Euch zu helfen. Kinder sollten eine Heißklebepistole, wenn überhaupt, dann nur unter Aufsicht eines Erwachsenen benutzen.

Vorlagen übertragen

1 Zuerst übertragt Ihr alle Teile des ausgewählten Objekts mit Hilfe eines Bleistifts ohne Überschneidungen vom Vorlagenbogen auf einen Bogen Transparentpapier oder ein Stück Butterbrotpapier.

2 Wenn Ihr alle Teile abgepaust habt, klebt Ihr den Bogen auf einen dünnen Karton. Nachdem der Klebstoff getrocknet ist, schneidet Ihr alle Teile mit einer Schere aus. Schon sind Eure Schablonen fertig.

3 Nun wird jede Schablone auf das benötigte Material gelegt (bei Wellpappe auf die glatte Rückseite), der Umriß wird mit einem Stift nachgezeichnet und so auf das Material übertragen. Dann schneidet Ihr die Teile wiederum aus und klebt sie gegebenenfalls zusammen.

... Bunte Blumentöpfe

Tonblumentöpfe in verschiedenen Größen • bemalte Eierschalen (z. B. alte bemalte Ostereier verwenden) • Muscheln • Schneckenhäuser • Sand • Dinkel • Kürbiskerne • Alleskleber • Klarlack • Pinsel

Später Blumenerde und verschiedene Samen wie z. B. Löwenmäulchen • Lobelien • Grasnelke • Ringelblumen • Kresse • Petersilie • Schnittlauch

Die Flächen, die Ihr mit Sand oder Körnern gestalten wollt, werden ganzflächig mit Alleskleber eingestrichen. Dann werden der Sand oder die Körner auf die Klebefläche gestreut.
Die größeren Kürbiskerne sowie Muscheln und Eierschalen müßt Ihr einzeln mit Klebstoff bestreichen und dann auf die dafür gedachte Stelle des Topfes kleben.
Abschließend könnt Ihr den Topf zum Schutz vor Nässe mit Klarlack überziehen.
Nach dem Trocknen füllt Ihr die Blumenerde in den Topf, verteilt einige Samenkörner darauf und bedeckt diese mit etwas Erde. Wenn Ihr die Erde feucht haltet, beginnen die Samen zu keimen, und Ihr könnt verfolgen, wie Eure Pflanze allmählich wächst.

TIP Die bunten Eierschalen auf den abgebildeten Töpfen wurden zunächst mit den Fingern mit Bastelfarbe in unterschiedlichen Farbtönen angemalt. Anschließend wurde noch Goldpulver darübergestreut.

Starke Steine

Steine in verschiedenen Größen • Bastelfarbe in verschiedenen Farbtönen • Pinsel • Alleskleber oder Heißklebepistole (siehe Seite 5)

Vor dem Basteln der verschiedenen Steinfiguren müßt Ihr erst einmal verschieden große Steine suchen. Habt Ihr die richtigen gefunden, dann solltet Ihr sie gut abwaschen und gründlich trocknen lassen, sonst blättert die Farbe später wieder ab!

Nun kann es endlich losgehen: Schaut jeden Stein zunächst genau an. Woran erinnert er Euch? An eine Eule, einen Fisch oder einen Käfer? Oft ergibt sich schon aus der Form eines Steines, was

daraus werden soll. Dann braucht Ihr ihn nur noch entsprechend zu bemalen. Natürlich könnt Ihr auch einfach lustige Kringel, Striche oder Herzen auf einen größeren Stein malen – schon habt Ihr einen tollen Briefbeschwerer für Mama oder Papa!
Es macht aber auch sehr viel Spaß, lustige Steinfiguren zu basteln. Dazu benötigt Ihr unterschiedlich große Steine. Wenn die Steine trocken sind, klebt Ihr die Figur zusammen. Dazu braucht Ihr etwas Geduld, denn Ihr müßt den einen oder anderen Stein sicher einen Moment festhalten, bis der Klebstoff so trocken ist, daß der Stein an dem dafür vorgesehenen Platz bleibt. Am besten laßt Ihr die Figuren über Nacht trocknen, bevor Ihr mit dem Bemalen beginnt.

TIP Wenn die Farbe getrocknet ist, könnt Ihr den Figuren noch Hüte und Mäntel aus Filz anziehen oder Bärte und Haare aus Plüsch, Wolle oder Watte ankleben.

..Schöne Schachteln

Spanschachteln • Wellpappe in Natur • Muscheln • naturbelassene und bemalte Eierschalen • Moos • Bast • Strohblumen • getrocknete Gräser und Blätter • Jute • bemalte Steine • Bleistift • Transparentpapier • Schere • Alleskleber • Klarlack • Pinsel

Die Schachteln aus naturfarbener Wellpappe könnt Ihr selbst herstellen:
Die Vorlagen für die quadratische Schachtel werden auf die Rückseite der Wellpappe übertragen, dann werden die beiden Teile ausgeschnitten, gefaltet und an den Klebelaschen zusammengeklebt.
Für die herzförmige Dose müßt Ihr den Deckel und den Boden jeweils zweimal zuschneiden und mit der glatten Seite des Kartons aufeinanderkleben. Um den Deckel müßt Ihr nun einen 3 cm x 36 cm langen Wellpappestreifen kleben. Für eine hohe Herzdose wird um den Boden

ein 7 cm x 35,5 cm langer Streifen geklebt, für eine flachere Herzdose wird ein 5 cm x 35,5 cm langer Wellpappestreifen verwendet.
Zum Schluß könnt Ihr mit den verschiedenen Materialien die Schachteldeckel bekleben. Euch fallen bestimmt noch andere Materialien ein, die Ihr nach Lust und Laune verwenden könnt. Die Spanschachteln mit den Eierschalen und den Muscheln werden zum Schutz abschließend mit Klarlack überzogen.

TIP Auch Nüsse und leere Bucheckerhülsen eignen sich gut zum Dekorieren. Diese könnt Ihr zuvor mit Goldspray oder -farbe vergolden.

Vogelscheuchen aus Bast

Holzkugeln (ø 3 cm) • Bast in verschiedenen Farben • verschieden lange Holzstäbe (ø ca. 4 mm) • Strohblumen • Bastelfarbe in Rot, Schwarz, Rosa und Weiß • Pinsel • Schere • Alleskleber

Mit der Bastelfarbe malt Ihr zuerst die Gesichter auf die Holzkugeln. Dann müßt Ihr für die Arme ca. 15 cm lange Bastfäden abschneiden und an den Enden mit Bast zusammenbinden. Für den Körper müssen die Bastfäden ungefähr 32 cm lang sein.

In die Mitte der langen Bastfäden für den Körper legt Ihr nun die zuvor abgebundenen Arme der Vogelscheuche. Dann legt Ihr die obere Hälfte der Fäden über die Arme nach unten. Nun müßt Ihr erst noch den Holzstab durch den Körper und das Armteil stecken, bevor Ihr den Körper einmal unterhalb der Arme und einmal weiter unten mit Bast zusammenbindet.

Jetzt könnt Ihr den Kopf oben auf den Stab kleben. Dabei etwas Klebstoff zwischen Kopf und Bastkörper geben. Abschließend bekommt die Vogelscheuche noch Haare aus der Blüte einer Strohblume. Sieht sie nicht hübsch aus?

TIP Falls das Loch in der Holzkugel größer sein sollte als Euer Stab, könnt Ihr in das Loch abgebrochene Streichhölzer stecken und mit dem Holzstab zusammen festkleben. So sitzt der Kopf schön fest.

... Kastanien & Co.

Aus Kastanien, Kastanienschalen und Korken lassen sich tolle Dinge basteln: Ketten, Schiffe, Autos, Tiere ... Euren Ideen sind keine Grenzen gesetzt. Die Figuren auf den folgenden Seiten sollen Euch lediglich ein wenig Appetit machen. Und dann heißt es: ran an die Kastanien!

Achtung: Bei den Vorbereitungen ist die Hilfe eines Erwachsenen vonnöten, denn zunächst müssen die Kastanien, die Kastanienschalen und die Korken mit einem Metallspieß durchbohrt werden, damit Lederbänder, Fäden oder Schaschlikstäbchen aus Holz durchgezogen werden können. Das geht ziemlich schwer und ist auch sehr gefährlich. Beim Zuschneiden von Korken sollten Mama, Papa oder ein anderer Erwachsener ebenfalls helfen, denn auch Messer oder Cutter sind sehr scharf! (Siehe auch Seite 4.)

Kastanienketten

Lederbänder • Kastanien • Holzperlen • Korken • Messer oder Cutter mit geeigneter Schneideunterlage • Metallspieß (z. B. Schaschlikspieß)

Kastanienketten basteln macht viel Spaß und geht ganz schnell. Ihr könnt sogar noch ein passendes Armband herstellen. Sobald die Kastanien durchstochen sind (siehe Seite 4), könnt Ihr sie abwechselnd mit Korken oder Perlen auf das Lederband fädeln. Als Abschluß genügt ein Knoten.

Wagen & Schiffe aus Kastanienschalen

Kastanienschalen • Korken • Zahnstocher • Papier • Schere • Messer oder Cutter mit geeigneter Schneideunterlage • eventuell Schaschlikspieß aus Metall

Ganz leicht könnt Ihr aus den Schalen der Kastanien mit wenigen Zutaten ein Schiff, einen Puppenwagen oder ein kleines Auto basteln. Dafür benötigt Ihr nur ein wenig Phantasie und die oben genannten Dinge.

Bei der Vorbereitung sollten Mama oder Papa helfen. Sie können die Korken für die Räder in Scheiben schneiden und die Löcher für die Achsen des Puppenwagens und des Autos vorstechen.

Dann braucht Ihr nur noch die Masten aus Zahnstochern in die Schalen zu stecken und die Segel aus Papier darauf zu schieben. Die Vorlage für die Segel findet Ihr auf dem beiliegenden Bogen. Schon ist Euer Segelschiff fertig!

Für den Puppenwagen benötigt Ihr drei Zahnstocher und zwei Kastanienschalen. Diese steckt Ihr mit einem Zahnstocher zusammen. Bevor Ihr das Verdeck befestigt, solltet Ihr die Zahnstocherachsen mit den Korkenrädern anbringen.

.. Witzige Kastanienfiguren

Kastanien • Eicheln • Korken • Biegeplüsch • Filz • Pompons • Wolle • Lederband • Federn • Holzperlen in verschiedenen Größen • Wakkelaugen • Halbperlenaugen • Zahnstocher • Filzstift • Schere • Alleskleber • Schaschlikspieß aus Metall (Achtung: siehe Seite 4 und Seite 14)

Aus Kastanien lassen sich auch tolle Tiere und Wichtelmännchen herstellen. Das ist so einfach, daß Ihr dafür bestimmt keine genauen Anleitungen braucht.
Für die Mützen der kleinen Wichtel (Abbildung Seite 3) findet Ihr übrigens auf dem beiliegenden Bogen eine Vorlage, die Ihr aber für jede Kastanie anpassen, das heißt etwas größer oder kleiner zuschneiden müßt. Der Körper der Wichtel besteht aus einer Schleife, die aus einem Filzstreifen gebunden wird. Dafür müßt Ihr von einem ganzen Bogen Filz auf der längeren Seite einen Streifen abschneiden.

TIP Für das Männchen mit der Pfeife wird oben etwas von der Kastanie abgeschnitten, damit der Korken besser aufgesteckt werden kann.

Kartengrüße

Wellpappe in Natur • gepreßte Blätter • Bast • Hobelspäne • Korken • Messer oder Cutter mit einer geeigneten Schneideunterlage (siehe Seite 4 und Seite 14) • Bleistift • Transparentpapier • Schere • Lochzange • Alleskleber

Mit selbstgestalteten Karten könnt Ihr ganz persönliche Grüße versenden, solche Karten sind aber auch ein schönes Geschenk.

Für jede Karte müßt Ihr ein Stück Wellpappe entsprechend der Vorlage auf dem beiliegenden Bogen zuschneiden und in der Mitte falten.
Nun könnt Ihr die Karten mit den verschiedenen Materialien bekleben. Um den Bast am Rande der Karte entlang ziehen zu können, bringt Ihr mit einer Lochzange Löcher an, und zwar in jeder Ecke zwei Löcher.
Für die Korkblüte müssen von einem Korken dünne Scheiben abgeschnitten werden.

. . Pinnwand-Eulen

Wellpappe in Natur, Gelb und Schwarz • Federn für die große Eule • etwa zehn Korken für die große und vier bis fünf Korken für die kleine Eule • Messer oder Cutter mit einer geeigneten Schneideunterlage • Bleistift • Transparentpapier • Schere • Alleskleber

Zunächst müßt Ihr Euch entscheiden, ob Ihr die große oder die kleine Pinnwand herstellen möchtet. Dann übertragt Ihr alle Teile der Eule vom Vorlagenbogen auf die farblich entsprechende Wellpappe (siehe Seite 5) und schneidet sie aus. Nun müssen die Korken mit einem scharfen Messer oder Cutter in ca. 1 cm breite Stücke geschnitten werden. Das ist eine Aufgabe für Mama oder Papa!

Jetzt wird die Eule zusammengesetzt: Auf das große Augenteil werden die gelben Augen und die schwarzen Pupillen geklebt. Als Pupillen für die kleine Eule dienen Locherpunkte aus schwarzer Wellpappe. Bei der großen Eule werden nun auf der Rückseite des Augenteils die Federn und dann der Schnabel mit Klebstoff befestigt. Bei der kleinen Eule wird auf der Rückseite nur der Schnabel angebracht. Danach wird das Augenteil auf den Eulenkörper geklebt.
Nun kommen die Korken dran. Sie werden auf dem Bauch der Eule mit Klebstoff befestigt. Wenn die Korken angetrocknet sind, müßt Ihr nur noch die Flügel auf die Rückseite der Eule kleben. Fertig ist das Eulenwandbild oder eine lustige Pinnwand!

Schulausflug
27.6

..Lustiges aus Korken

Sekt- und Weinkorken lassen sich in allerliebste Dinge verwandeln. Mit Holzkugeln als Köpfen, Biegeplüsch für die Arme und etwas Bastelfarbe sind Eurer Phantasie keine Grenzen gesetzt. Euch fallen bestimmt noch viele weitere witzige Figuren ein!
Beim Zuschneiden der Korken und beim Einsatz der Heißklebepistole solltet Ihr Euch von einem Erwachsenen helfen lassen.

Sekt- und Weinkorken • Zapfen • Islandmoos • Holzkugeln (ø 1 cm, 1,5 cm und 2 cm) • Wattekugeln • Pompons • Biegeplüsch • Stoffreste • Plüsch • Schaschlikspieße aus Holz • Draht • Bastelfarbe in verschiedenen Farbtönen • Pinsel • Messer oder Cutter mit geeigneter Schneideunterlage • Alleskleber oder Heißklebepistole (siehe Seite 5)

Korkenhäschen & Zapfenbäume

Eine Skizze zum Basteln der beiden Häschen findet Ihr auf dem Vorlagenbogen. Als Kopf dient eine bemalte Holzkugel. Die Korken werden gemäß der Skizze zugeschnitten, dann werden der Kopf, die Ohren und der Pompon festgeklebt.
Für die Bäume werden Korken und Zapfen aufeinandergeklebt, eine breitere Korkenscheibe sorgt für Standsicherheit.

Hühnerliesel mit Moosbäumen

Für die Bäume (siehe Vorlagenbogen) verwendet Ihr anstelle der Zapfen Islandmoos.
Die Hühnerliesel besteht aus einem Korken, einer Holzkugel und einer geteilten Wattekugel für die Puffärmel.
Die Arme aus Biegeplüsch und die Kleidung aus Stoffresten werden festgeklebt.

Der Korkeneimer e
Für die Korkenhühn
stelskizze auf dem
Als Schnabel
eines Sc
in da
wird.

Eskimos & Korkenpinguine

Für die Pinguine zuerst die Sektkorken und die Holzkugeln zusammenfügen und bemalen. Die Schnäbel aus einem Stück Korken schneiden, bemalen und aufkleben. Wenn alle Teile getrocknet sind, werden die Filzflügel angeklebt (Vorlage auf dem Bogen).
Die Eskimos ebenso arbeiten und nach dem Trocknen einen Streifen Plüsch um den Eskimokopf kleben. Fertig sind die Eismeerbewohner!

Im Zirkus

Die Holzkugelköpfe und die Korkenkörper werden erst zusammengeklebt und dann bemalt.
Der starke August erhält Arme aus Biegeplüsch, halbierte Wattekugeln als Epauletten und durch einen Schaschlikspieß verbundene Wattekugeln als Gewichte.
Eine Skizze zum Basteln des Tigers mit dem Biegeplüschschwanz findet Ihr auf dem Vorlagenbogen.
Der Dompteur trägt einen Korkenhut, seine Schulterklappen bestehen aus halbierten Wattekugeln. Den Hut könnt Ihr aus einem Stück Weinkorken und einer Scheibe eines Sektkorkens zusammensetzen.

... Collagen – Bilder aus gesammelten Materialien

Getrocknete Blätter, Gräser und Blumen • Äste • Kürbiskerne • Vogelsand • Steine • bemalte Steine • Moos • Muscheln • Bastelfarbe • Pinsel • Alleskleber oder Heißklebepistole • Kaltleim (für den Sand) • Rahmen in verschiedenen Größen

Aus gesammelten Materialien könnt Ihr phantasievolle Bilder zusammenstellen. Wenn Ihr fertige Bilderrahmen verwendet, müßt Ihr die Glasscheibe herausnehmen und die verschiedenen Materialien auf die Innenseite der Rahmenrückwand kleben. Ihr könnt diese vorher passend bemalen, beispielsweise mit einem blauen Himmel.

Falls Ihr ein Bild mit Strandfundstücken gestalten wollt, müßt Ihr zuerst die mit Sand bestreute Rückwand herstellen. Dazu solltet Ihr Kaltleim verwenden (gibt es in jedem guten Bastelgeschäft). Diesen müßt Ihr mit einem Pinsel sehr dick in dem Rahmen verteilen, den Sand darauf streuen und über Nacht trocknen lassen. Am nächsten Tag könnt Ihr dann die Muscheln, Steine etc. auf dem Sandstrand befestigen.
Für den Igel (Abb. Umschlagrückseite) findet Ihr eine Vorlage auf dem beiliegenden Bogen. Wer möchte, kann diese auf einen Karton übertragen und dann die Stacheln aus Kürbiskernen aufkleben. Dann wird der Kopf mit Bastelfarbe angemalt. Zuletzt werden die Blätter für das Igelnest aufgeklebt. Danach braucht Ihr nur noch den Rahmen anzubringen.

... Auf zum Hexentanz!

Pro Hexe:
ca. 10 cm eines Schaschlikspießes aus Holz • Bast • eine Holzkugel (ø 2 cm) • eine leere Bucheckerhülse • Stoff- und Wollreste • Faden • Schere • Goldfarbe • Bastelfarbe in Schwarz, Weiß, Rosa und Rot • Pinsel • Alleskleber

Das Kopftuch und das Kleid müßt Ihr entsprechend der Zeichnung auf dem Vorlagenbogen zuschneiden und die Bucheckerhülsen golden anmalen. Mit den Bastelfarben malt Ihr das Gesicht auf die Holzkugeln. Nach dem Trocknen schneidet Ihr von den Wollresten etwa 1 cm lange Stücke ab und klebt sie als Haare auf den bemalten Kopf. Darauf wird nun das Kopftuch geklebt. Das Kleid wird mit Klebstoff unter der Bucheckerhülse befestigt. Anschließend müßt Ihr den Kopf oben auf die Bucheckerhülse kleben.
Danach wird der Bast in etwa 4 cm lange Stücke geschnitten und auf einer Seite mit Bast zusammengebunden. Dieses Bündel müßt Ihr auf ein Ende des Schaschlikspießes stecken und festkleben. Jetzt wird der Schaschlikspieß vorne durch das Kleid gesteckt und hinten mit etwas Klebstoff unter dem Kleid befestigt. Nun müßt Ihr nur noch den Aufhängefaden anbringen, und schon ist eine kleine Hexe fertig!

... Zapfen & mehr

Große Kiefernzapfen • Korken • Walnüsse • Strohblumen • Jutekordel • Halbperlenaugen (ø 6 mm) • Holzkugeln • Bastelfarbe • Pinsel • Messer oder Cutter mit geeigneter Schneideunterlage • Alleskleber oder Heißklebepistole (siehe Seite 4 und Seite 14)

Viel muß ich zu den Figuren bestimmt nicht schreiben, am besten laßt Ihr Eurer Phantasie freien Lauf! Beim Zuschneiden der Korken und bei der Benutzung der Heißklebepistole solltet Ihr einen Erwachsenen um Hilfe bitten.

Für das Zapfenschaf benötigt Ihr einen Zapfen, vier Wein– und einen Sektkorken für die Beine und den Kopf, zwei Halbperlenaugen sowie etwas Jutekordel. Die Ohren werden aus einem Stück Korken geschnitten.

Der Zapfenmann besteht aus einer Strohblume, einer Walnuß, drei kleinen Holzkugeln, einem Zapfen, einem Weinkorken, zwei Sektkorken und etwas Bastelfarbe.

Den kleinen Walnußvogel setzt Ihr aus einer Walnuß, einer Holzperle, zwei Halbperlenaugen und einem Weinkorken zusammen, aus dem die Flügel, der Schnabel, die Schwanzfedern und der Sockel geschnitten werden.

... Walnußwal & Nußschildkröte

(Abbildung Seite 1)

Walnüsse • Tonkarton • Transparentpapier • Bleistift • schwarzer Stift • Nußknacker • Schere • Alleskleber

Zuerst müssen die Walnüsse vorsichtig mit dem Nußknacker in zwei Hälften gespalten werden, dann wird das Innere der Nuß herausgenommen. Das ist nicht ganz einfach, laßt Euch notfalls von einem Erwachsenen helfen.

Für die Nußschildkröten (Abbildung Seite 1) wird das Unterteil aus Tonkarton einmal nach Vorlage ausgeschnitten und bemalt. Dann wird es unter die Nußschale geklebt. Nach dem Trocknen werden die Beine etwas eingeknickt, damit die Schildkröte stehen kann.

Die Walnußwale (Abbildung Seite 1) erhalten ein Flossenteil aus Tonkarton. Dieses wird einmal nach Vorlage zugeschnitten, bemalt und anschließend zwischen die beiden Walnußhälften geklebt. Die Augen werden aufgemalt.

Kleine Walnußmäuse

Walnüsse • Filz • Jutekordel • Halbperlenaugen (ø 6 mm) • Nußknacker • Schere • Alleskleber

Zunächst müßt Ihr die Walnüsse vorsichtig teilen. Danach schneidet Ihr Ohren aus Filz zu und klebt sie auf.
Der Schwanz und die Barthaare bestehen aus Jutekordel. Der Schwanz wird am Ende einmal geknotet und dann unter die Nußschale geklebt.

Für die Barthaare müßt Ihr die Kordel in kurze Stücke schneiden, die Kordelenden aufdrehen und die einzelnen Fäden auseinanderziehen. Dann werden die Barthaare mit einem der Fäden in der Mitte zusammengebunden und vorne angeklebt. Darauf wird eine Halbperle als Nase gesetzt.
Zuletzt müßt Ihr noch zwei Halbperlen als Augen aufkleben – und schwuppdiwupp lacht Euch eine kleine Maus an!